비극의
재료

교유서가 시집 002
원성은 ―――

비극의
재료

교유서가

시인의 말

함께 좋아하고 싶은 것이 있는 것처럼
혼자서만 좋아하고 싶은 것도 있다

오롯이 독대하고 싶은 사람, 시간,
배타적인 사랑, 아무도 모르고
나눌 수 없는 슬픔

그런 것들과 같이

시는 내게는 공공연해지지 않는 것

2025년 10월, 원성은

차
례

시인의 말 5

1부 | 세계는 원래 훼손된 그림이야
블랙박스 해체하기 12

의상실 14

제논, 개구리, 전갈 16

개미를 삼등분하시오 18

로코코식 부사와 형용사 20

파우스트 엔딩 22

의자가 생겨서 뒤늦은 초대장을 보냅니다 23

버터와 냉장고 25

왕의 초상화 위에 파리가 앉았네 26

훅훅 레프트훅 카피레프트와 불한당들의 세계 28

레몬을 변호함 31

케첩과 피 사이의 붉은 자국 33

오브제 34

변증법적인 거울 36

폭우 38

색맹 40

사물A 42

재난영화 43

일방통행 45

파종 47

청개구리와 이끼 테라리움 49

은유적 블랙홀의 사례 51

2부 | 붉어지지 말랬지

뱀파이어 54

어둠에서 벗어나기 56

그림자, 아닙니다 58

구름 창조자 61

루만의 메모상자 62

자화상 못 그리는 사람 64

육식 빨강 맨드라미 66

적록색맹 67

비극의 재료 69

악몽 측량사 71

∞ 73

삶과 살 75

신비는 물을 좋아한다 77

세컨드 윈드 79

기적 없이 81

0과 1의 산책 83

누빔점 85

안테나 86

악성루머 87

검은 백조 88

아리아드네의 칼과 붉은 실 91

거장과 시계수리공 92

안긴 문장과 안은 문장 94

3부 | 이별의 색깔은 밤

팬터마임 96

교실 98

병원 대기실에서 폭포 영상을 틀어주는 이유 100

between the devil and the deep blue sea 102

샥스핀 104

둥근 사각형 105

미싱링크 107

죽은 화분 108

이기적 유전자 110

붉고 캄캄한 흙속에 묻혀서, 누워서 112

림보: 404 Not Found 114

재현의 윤리 116

선악과 118

뤼미에르 119

나무를 죽이고 싶어하는 사람이 나뭇잎을 떼어낸다. 하나하나 손으로. 정성스럽게. 121

"내가 마지막으로 눈물을 흘려본 게 언제였는지 기억이 안 나" 122

해설 | 언어-오브제 | 선우은실(문학평론가) 127

1부

세계는 원래
훼손된 그림이야

블랙박스 해체하기

중요한 사람이 길을 잃었기 때문에
건축가는 설계도를 다시 그렸다 오래 걸렸다
도무지 끝이 보이지 않았다
길을 잃은 단 한 사람을 위해
여름이 끝나지 않았다 길 잃은 사람에게
여름이 끝나지 않는다는 건
낮도 밤도 내내 캄캄할 것이라는 것을 의미했다
태양을 맨눈으로 쳐다보면 앞이 캄캄해지니까
너무 밝은 것들은 그렇지
캄캄함과 구별이 안 되잖아
길 잃은 사람을 제외한 마을 사람들은
그가 길을 잃었다는 것을
안다 알고 지켜보고 걱정하고 관여하고
참견하고 간섭하고 괴롭힌다 가만히 두지 않아야 한다
앞으로도 혼자 헤매야 할 사람이 혹시나
길을 찾을까봐 조마조마해하면서
세상의 모든 길들은 연결되어 있어서
길 잃은 사람이 만든
산더미 같은 쓰레기가 풍경을 해친다고

보기에 아주 좋지 않은 그림이 되었다고
지나가는 사람이 말한다
그러나 세계는 원래
훼손된 그림이야 거대한 그림
열쇠 수리공과 자물쇠 도둑이 함께 그린 그림

의상실

───

장미는 몸이 커다랗고 붉었다
장미는 이름과는 달리 아름다움과는 거리가 멀어 보였다
장미는 혼잣말을 할 때마다 꽃잎이 한 장씩 더 생겨나서
비대해졌다 한 겹씩, 한 층씩 두꺼워졌다
누군가 봤다면 검은 빈방을 핏물이 채웠다고 생각했을 것이다
죄를 상징하는 핏물이 가득

장미는 말했다
나는 이제 정말 아무것도 없어
나를 놀려도 돼 내게 더럽다고 침을 뱉어도 돼
내 꽃잎을 더 따 가도 돼

나는 이제 가시가 다 잘렸어
나는 아무도 공격할 수가 없어

사시사철 피기 때문에 사시사철 지는
장미는 고유명사일까 일반명사일까

───

누군가 검은 빈방을 방문했다면 핏물 속에서 수영을 했을 것이다

장미의 내부인지도 모른 채

수영은 숨을 쉬기 위해 하는 것일까 숨을 참기 위해 하는 것일까

제논, 개구리, 전갈

제논의 역설을 설명하려고 했지 그러나
정작 내 입에서 나온 건
전갈과 개구리 이야기였어
개구리는 전갈을 등에 태우고 물을 건너야 했어
전갈은 개구리를 죽이고 말아
둘은 결국 사이좋게 물에 빠져서 죽고 말아
개구리와 전갈은 협상을, 거래를, 내기를, 그리고
약속을 하나 했던 것뿐인데
궁극적으로는 가장 참혹한 실패를 하고 말아 나는
우리의 실패를 기록하기 위해
이 이야기를 하고 말아
제논처럼 거북이를 기다리면서 패배하는 대신에
이봐, 실패와 패배는 다른 거지만
우리는 물을 건너기도 전에
죽어버린 거야
제논의 역설을 설명하기 위해
너를 기다리는 동안
패배라는 이름의 거북이 한 마리가 밀물처럼
기어오고 있었다 모래알이 부서지고 있었다

만조에 일어난 일이다
전갈이 개구리를 죽이고 말았지
너를 기다리는 동안
물을 건너서 오고 있는 너를
기다리는 동안

개미를 삼등분하시오

머리-몸통-꼬리
아 잠시만 이게 아닌가
타임타임
머리-몸통-배?
몸통이 배 아니야?
결론은 아무튼 N분의 1로 나눠 먹자는 뜻이야
파이이론이고 더치페이야

듀이는 생태공원의 벤치 위에 앉아서
테이크아웃 커피잔을 재떨이로 쓰고 있었다
칸트는 매일 아침 하인에게 커피를 타 오라고
짜증을 내던 참에 그 실용적인 광경에 감탄을 했다

피자나 케이크를 자르듯이
잘록하게 끊어 먹기 좋아
베짱이들끼리 노래하면서
개미들을 맛있게 나눠 먹자

니체는 밧줄도 채찍도 모자라던 날

프로이트의 강의를 청강하며 루를 엿보았다

들뢰즈는 헤겔을 닫힌 문 밖에 세워두었다

안데르센과 키르케고르는 동화에서 왜

사람을 죽이면 안 되는지에 대한 기나긴 논쟁을 했다

깊은 우정을 나누고 친구가 되었다

베짱이가 연주하는 우쿨렐레

현들 위에서 곡예하는 개미들

로코코식 부사와 형용사

화자는 해산물을 잘 먹지 못했다 정확히는
잘, 이 아니라 아예 입에 대지도 못했다
특히 딱딱한 껍데기 안에 들어 있는
미끌미끌하고 축축한 굴, 조개, 꼬막, 홍합

화자는 부사와 형용사를 사용해서
껍데기가 부딪치는 단단한 마찰음을 냈다 그러나, 그러나
라고 화자는 써야만 한다는 당위에 사로잡혀 있다

문제는 식감이었는데 굴의 징그러움
그러나, 그러나
요리사와 미식가는 굴을 예찬했다
게걸스럽게 부사와 형용사를 해체하는 화자는 흡사
식탁에서도 공구처럼 생긴 연장을 사용하는 사람 같았다
식탁 위에 앉은 목수 같았다

한때 화자의 입안에는 뿌리까지 썩은 왼쪽 어금니가

있었고
 화자에게는 혀끝으로 충치를 만지작거리는 습관이 있었다
 충치는 숨도 차기 전에 찍은 쉼표 같은 껄끄러운 멈춤이다
 오른쪽으로만 음식을 씹는 기울어짐이다
 낯을 가리는 것이다 재미가
 없어지는 것이다

 화자는 사과나무에 매달린 사과들이 풍족한 주렁주렁,
 이 아니라 후투투, 낙과로 떨어지기를 기다리는 중이다
 화자는 해산물을 잘 먹지 못하고
 인과관계 없는 바닷바람이 사과나무를 흔드는 것을 주시한다
 사과나무는 수평선이 보이는 언덕 위에 있다
 있다, 나무는 언덕 위에 자리를 잡은 것이다

파우스트 엔딩

아름다움이란 말을 남용하는 시인의 수치심처럼
그걸 읽는 독자의 찡그림처럼
느끼한 크림파스타를 돌돌 마는 포크의 미끄러움처럼
나쁜 기억력을 가장해서 악마의 이름이 기억나지 않는 척하려는
무의식에 박힌 압정 하나, 딱 하나처럼
모래알들 사이에 숨은
곱게 갈린 유리조각을 집어올리는 핀셋의
섬세함처럼 정확함처럼
닫힌 괄호 앞에 붙은 안내문: 출입 금지
단호한 절망처럼

멈추세요

의자가 생겨서 뒤늦은 초대장을 보냅니다

어제는 가구점에서 기사가 왔다 갔어요
우리집엔 늘 의자가 꼭 하나씩만 모자랐죠
그 의자에 못 앉게 되는 사람은
언제나 당신이었고요 그걸 식구라고 부를 수나 있나

의자가 도착했어요 당신을
초대할 수 있게 되었어요 당신을
당신만 제외한 채로 진행되었던 그 많은
가족모임들을 떠올려봅니다
이제 당신만 도착하면 돼요

의자, 인격을 부여하지 말 것
그러나 사람처럼 서 있거나 앉아 있거나
반쯤 서 있고 반쯤 앉아 있는
새것이라서 윤기가 나는 의자
더 반짝일 수도 없지만 이 의자를 닦으면서
당신을 기다리겠습니다

"의자를 초대했더니 사람이 따라왔어!"

의자 밑에서 떼지 않은 가격표처럼
당신에게 값이 매겨질 것입니다
의자는 문득 앉아 있는 일에 싫증이 났고
다만 앉아 있기 위해 초대받았다는 사실을
견딜 수 없었어요 견딜 수 있을 때까지만
의자는 의자로 살아가기로 했죠

이윽고 당신이 초인종을 누를 때까지

버터와 냉장고

냉장고나 상온의 불빛에 따라
노랗거나 하얗게 보이는
버터 한 덩이가 있다 한 덩이 조금 못 되게 있다
생쥐가 갉아 먹은 자리만 비어 있다
(생쥐는 없다)
생쥐의 이빨자국이 남은 자리만 색깔이 빨리 변한다
(다시 말하지만 생쥐는 환상이다)
호밀빵, 흰 플랫브레드, 참깨빵, 하몽, 하몽, 하몽
버터는 녹지 않는다 냉장고에 있기 때문에
녹지 않고 얼지 않는 버터는
식량창고에 있기에는 유통기한이 짧은
자의식을 가졌다 방치되어 잊히기에는
다급한 열망을 가졌다 그 열망은
생쥐의 이빨을 현혹하는 종류의 열망이다
(방금 생쥐에게 물린 자리는 환상통을 학습했다)
버터는 미끄럽고 버터는 고소하고
냉장고의 투명한 선반 위에서
미끄러지지 않기 위해서 꾸덕꾸덕해진다

왕의 초상화 위에 파리가 앉았네

―

왕을 그린 그림이다 무명이었지만
왕의 후원을 받았던 스페인의 궁정화가
그림 속 왕의 콧등 위에
파리가 한 마리 앉았다
사진이나 그림 속의 사람 위에
벌레가 앉으면 나쁜 징조라던데
나는 이런 부적절한 농담을 하고 싶었다
빼곡한 교통체증이 일어난 정물화
이목구비의 경로 이탈이 일어난 추상화

네덜란드 정물화 속에는
영원을 약속하는 사물이 없다
해골, 꽃, 깎은 과일, 촛불, 치즈
죽을 것이다 시들 것이다 갈변할 것이다
꺼질 것이다 부패할 것이다 다 함께
나뭇잎은 말라서 나뭇가지에서
떨어질 것이다 벼랑 끝에서 벼랑의 일부였던
돌멩이가 굴러떨어지듯이

부패와 숙성을 구분하기 힘든
시음사는 코르크를 따지 않는다
방치란 그런 것이다 유통기한을 묻지 않는 것이다
구분과 분류에 관심이 없어지는 것이다
괄호를 열었다가 닫지 않는 것이다 (판단 중지)

파리가 천천히 왕의 콧구멍 부근으로 이동했다
방금, 그림 밖의 왕이 크게 재채기를 했다
죽을 것이다 시들 것이다 갈변할 것이다
유리병이 깨질 것이다 깨진 병은 꽃병일 것이다
유리창이 깨질 것이다 깨진 창은 장미창일 것이다

훅훅 레프트훅 카피레프트와 불한당들의 세계

도둑이야! 불이야! 자욱한 연기 속에서
꿈에서 자주 외치던 말이 있었는데

텃밭에는 두더지가
알록달록 일년초들보다 많고

연약한 꽃대를 뽑는
손목들이 새파랗게 날것이다

붉은 흙을 푸른 바다로 착각한
물고기들처럼 비릿한 손목들이 펄떡이고

싱싱하지 신비롭고 은근하지
여기 좀 봐요
외치지 않아도

널리 퍼지는 소문은
확성기에 촘촘한 귀들을 매달고 다녔다
낮은 바람, 나지막한 연기

왼손으로 샌드백만 때릴 거였으면
애초에 심지도 않은 순무 생각을 하지도 않았을 거고
오뉴월에 서리가 내리지도 않았을 텐데

지금 내리는 빗방울에는 독이 묻었다

훅훅 레프트훅 공유지에서 혼자 춤을 추는
저 미친, 미친, 미친 이웃 사람을 좀 봐
저기 좀 봐요

당구장 표시를 별표와 구분할 것
아이폰 메모장에는 손도 대지 말 것
떨어지는 벚꽃잎보다는
봄비를 방울방울 손바닥으로 받아낼 것
양손잡이가 될 것
린넨 원피스를 입은 채로
스팀다리미에 허벅지를 델 것
침묵의 끓는점 속에서

뜨거운 증기로만 발화되는 말을 신뢰할 것

레몬을 변호함

레몬을 제외한 것들, 정확히는
오렌지와 유사한 종들만
담아놓은 과일바구니가 있어

낑깡, 금귤, 유주, 한라봉, 천혜향
오렌지, 오렌지, 오렌지
그리고 이건 그리고, 라는 부사의 사용처럼
불쑥 끼이는 레몬이야

낄 데 안 낄 데를 모르는 레몬이야

캘리포니아의 쨍한 햇살 같은 맛
해바라기처럼 촘촘한 밀도의 빛
오렌지
그러나 이건 그러나, 라는 찡그림처럼
신 맛의 레몬이야

혈육은 아니었지만 혈육 같았던
신 눈물 흘리면서

어깨동무하고 비좁게 옹기종기
앉아 있었던 과일바구니

신 과일은 인기가 없어
쓴 과일은 환불해주세요 덜 익었어
떨어뜨려서 무른 과일, 물러서 떨어뜨린 과일
그리고, 그러나, 그래서

레몬은 레몬이기를 멈추지 않았다
씨앗도 열매도 모두 돌이킬 수 없어져서
흙속에서 무럭무럭
나뭇가지 끝에서 주렁주렁

레몬은 레몬이었다

케첩과 피 사이의 붉은 자국

새 한 마리가 아스팔트 위에 누워서
붉은 내장을 드러내놓고 죽은 장면을 목격했다

이 장면을 쓰지 않기로 결심한 후에
집에 오자마자 쓰고 있는 나를 보았다

그러나 이 글과는 다르다
화면에서는 케첩도, 피도 모두 붉은 물감일 뿐이다

오브제

―

공중에서 정지한 새 한 마리도
대화에서는 오브제다
소비되고 낭비되고 마침내 치워진다

접시들이 허공을 날아다니다가
산산조각이 난다 그 파편들조차
대화에서는 소모되기 위해 존재한다

날개가 부러진 새를 갖고 무얼 하지
대화를 해야지 이런 식이었다
타이어 자국에 엉킨 진흙은?
대화를 하자 이것에 대해
새가 눕고 뒹굴고 죽어간 진흙에 대해
새의 죽음에 대해서? 아마도
그러나 부러진 날개 쪽이 조금 더 흥미롭겠지

사람들은 허공에서 저글링을 했다
오브제들은 대화의 통로일 뿐이었으므로
은밀한 암시, 암호, 비밀을 운반하는

―

그리고 새가 날지 못했다
그리고 새가 마침내 죽었다

변증법적인 거울

수도꼭지에서 물이 아니라
물고기가 콸콸 쏟아진다
나는 기겁을 하면서 수도꼭지를 잠그지도 않은 채
욕실 문을 잠근다
찬물을 마실 때마다
입술에서 비늘이 벗겨진다

물고기1이 말한다 나는 물이야
물고기2도 말한다 나도 물이야
나는 살아 있는 물고기를 물이라고 믿고 마신다

혓바닥인지 아가미인지 펄떡이는 것
붉은 것들은 징그러워 징그러워서 벽을
뜯었는데 환하고 화하게
피어난 꽃들 좀 봐

이건 바람이 지나간 흔적이야
보수공사가 필요한 것 같아 보이는
벽을 보고 시인1이 우긴다

시인2도 바람이라고 우긴다

나는 바람의 흔적이 무엇인지 모른다

폭우

빗물을 담는 통은 좁아 보였고
아까워 아까워 사람들은 목이 말라서
통 주변을 떠나지 못하고 있었다

길을 잃었거나 버려진 개들이 많았지만
찾는 사람들은 많지 않았다

통은 애초에 빗물을 모으기 위해
거기 있는 것이 아니었는데도
아까워 아까워 개들은
허겁지겁 물을 핥아 마셨다

혓바닥 여러 개가 한 통에서
재빠르게 섞였다 아까워 아까워
아무도 분간하려고 노력하지 않는 일들

비의 일
물의 몫

창문은 높은 건물에서 열어도 창문이다
깊이였던 것을 높이라고 부르고 있어서
일기예보는 자주 너무 빨랐다

물통이 흘러넘친다

색맹

이 영화는 흑백입니다
빛과 그림자를 좇느라 무언가 중요한 것을
망각한 기분이 듭니다 하지만 계속됩니다 이 영화는
망각에 관한 영화입니다
기억에 관한 영화라는 말과 같지요

꽃이나 수채화, 파란 하늘, 바다, 금빛 백사장
모두 색을 잃었죠 이 영화에서는
여름도 초록색이 아닙니다 하지만
흑백영화에서 함박눈이 쏟아지는 장면을 본 적 있나요

침묵은 이렇게 고요하게 태어납니다
다시 말하지만
이 영화는 흑백입니다 무언가 중요한 것을
잊어버린 것 같은데
계속되기만 하지요 엔딩크레딧이 다 올라간 후에도
영원히 캄캄한 스크린 위에서, 그저

색깔들을 되찾아 오지 않은 채로

고요히 침묵을 완성하지요 이 영화는
빛과 그림자를 생각하고 있는 영화입니다
사랑과 증오를
역광이 비춘 뒷모습들을

흑백영화에서는 불이 더 환하게 타요
물도 더 환하게 흘러요
그리고 피는 그 어느 때보다도 캄캄하지요

사물A

―

사물은 거기 노출되어 있었다
사람은 사과의 중앙을 칼로 찔렀고
날달걀 하나를 실수로 깨뜨렸고
날달걀 하나를 고의로 깨뜨렸다
선인장을 손으로 뚝, 하고 부러뜨렸다
가위로 붉은 색종이를 오려서 모빌을 만들었고
컴퍼스로 커다란 원을 그렸고
고장난 나침반을 허공에 던졌다
사물은 말보다 강했다
죽음을 위해 존재했다
돌멩이를 손에 쥐자 파도가 치기 시작하는
우산을 접자 구름이 걷히는
사랑, 이라고 발음하자
살균된 소독실에서 더럽고 좁은 방으로 이사가는 기분
사물은 노출되어 있었다
빛과 소리는 활짝 열린 눈과 귀로 쏟아진다
사람은 손이 두 개나 있다
헛소리는 음악보다 크게 들린다
사물은 사람을 대체한다

―

재난영화

재난영화에서는 사랑이 끝나지 않는다
시작하기만 한다 타임머신은 등장하지 않는다
끝나지 않는 사랑은 재난이다
산불, 나 아닌 타인이 저지르고 도망간 것
도망가면서 도끼의 잘린 발목이
무성하고 누런 잡초 위에 내던져진 사건
건조한 것은 불이 잘 붙으므로
한계 없이 잘 미쳐버리므로
장마철을 기다렸다
생일에는 비가 왔다
불쑥 끼어들어 등장 후엔 다시 나타나지 않는
일인칭처럼 비가 내렸다 빗금을 치면서 내렸다
폭우, 사랑에 빠진 사람의 발목은
취약하고 노출되어 있다
보호받지 못한 그 발목이 하염없이 젖고 있다
집으로 돌아가는 기차 창문
지진, 여진이 더 길다
만료되지 않는다 땅 위에서는
얼마간 이 진동과 멀미를 견뎌야 할 것이다

균형을 잃은 바퀴 위에 앉아서 흔들려야 한다
뜨거운 것들이 보이지도 않는 지하에서 세차게 흐른다
죽지 않고 태어나기만 하는
감정들이 있다
오래 끝나지 않는 건 장르가 된다
이런 장르도 있다

일방통행

붉은 장미는 왜 푸른 원피스로 돌아갈 수 없는지
열매는 왜 푸른 꽃잎으로
핏방울은 왜 바다로는

태양은 왜 드론을 돌아봐서는 안 되는지
해바라기의 뒷모습이 왜 변절을 뜻하는지
죽음이 쨍한 노란색일 때
왜 기억에서 잘 지워지지 않는지

하얀 셔츠는 커피얼룩을 기억한다
때 묻은 담벼락은 낙서를
낡은 구두는 길 위에서 밟히고 씹힌 신발 끈을

테이블은 물컵의 젖은 동그라미를
머금고 있다 한참을

목이 늘어난 티셔츠는 여름을
선풍기는 페인트냄새를
잊지 않았다

태양의 흑점이 검은 고양이 같은 날에는

걷다가 자주 뒤를 돌아보았다

파종

맨드라미, 촛불이 켜질 때
약속도 하지 않았는데 너를 기다렸다
이상하다 양지에 두면 개화가 빠르다고 했는데

안개꽃 젖는 날
빗물소리는 빗방울소리와 다르다
그 소리를 함께 들었다

깨꽃이 수놓인 원피스를 입고 자전거를 탔다
원피스를 뒤집어놓는 바람이 좋아서
강변을 달렸다 석양이었다
피크닉 매트 위에 쏟은 석류주스였다

해바라기가 훔친 여름
태양을 쳐다보지 않는 것을 배신이라고
부른다면 고개가 꺾인 채로
'단순 변심'
흑점을 보면 눈이 멀었다
그림자가 가장 짧은 오후 한시에 일어난 일

죽음과 어울리는 시간에는 눈이 부셔서
눈을 감았다

물방울 페페, 씻겨서 씻겨나간다면
해질녘에 엎지른 노을도 닦아낼 수 있는지
사랑이 아니라
수치심 같아

작약이 폭탄처럼 만개한 순간에만
사랑을 말했다 짧게 발화했다

나팔꽃, 끝내 확성기가 되지 못한 이름

메리골드, 너를 부르면

청개구리와 이끼 테라리움

 폭우 오는 날, 작고 귀여운 청개구리 한 마리를 만났다 폭우가 그렇게 좋았는지 온몸으로 기뻐하고 있었다 덩달아 신난 나는 그 개구리를 사람 손에 쥐여주었다 그의 손은 활짝 열려 있었고 청개구리는 그의 손바닥 위에서 신나게 춤을 추었다 비가 오면 서울의 생태계를 조금, 파악하게 되기도 한다

 이후 서울 곳곳에서 똑같은, 정확히 바로 그 청개구리를 여러 번 마주쳤는데 그중에는 우연한 조우도 섞여 있었고 의도된 만남도 있었다 나는 입 밖으로 튀어나올 것 같은 심장을 부여잡았던 그 주먹을 기억한다 내 것이 아닌 것 같았다 주먹 혹은 심장

 청개구리는 친구 두꺼비와 함께 발견되곤 했다 두꺼비는 날렵한 개구리보다 노랗고 조금 통통했지만 둘 다 몸집이 작았다 둘은 비밀이 없는 사이였다 쑥덕쑥덕 비밀을 나누었다 문제는 그 쑥덕거리는 소리가 서울 어디서든 너무 잘 들린다는 점이었다

이끼 테라리움이 있었는데 청개구리는 이번에는 처음 보는 가느다란 여치와 그 속에 들어가 있었다 여치는 연갈색이었고 온몸이 길쭉했다 여치 외에도 젖은 이끼 테라리움에는 다양한 종의 생명체들이 드나들었는데 그중에서 내가 기억할 수 있는 것은

사마귀 솔방울 메뚜기 나무뿌리 도토리 꿀벌 말매미 거미 등등이 있었다

나는 singing in the rain을 흥얼거리면서 총총걸음으로 사라져주었다 폭우였다 그의 손안에는 내가 박제해둔 그날의 기쁨이 살아 숨쉬면서 눈을 반짝이고 있었다 나는 빗속으로 숨어들었고 그 자리에 청개구리가 남았다

은유적 블랙홀의 사례

미완성 작품들이 작가의 죽음 이후에
읽힌다는 것에 대하여
작가가 살아 있을 때 독자들은 뭘 했나 몰라 킥킥

아직도 별을 찾아 헤매고 있어요?
혹시 당신 정말로 좀 모자라요?
이런 대도시에서는 특히 이렇게 먼지가 자욱한 곳에서
별을 맨눈으로 보는 건 불가능에 가까워요
당신은, 그저
길을 잃은 것뿐이에요 그것도 돌이킬 수 없이

밤하늘은 불에 탄 구멍들만 남은
너덜너덜한 불구가 아니다
그런 사례로 기억되지 않을 것이다

다시, 미완성 작품들에 대하여

2부

붉어지지
말랬지

뱀파이어

아침 일찍부터
뱀파이어 철학도가 나오는
삼류영화를 보면서 흰 우유를 마신다
빈혈이 있어서 헌혈을 못한다는 사실을 떠올리면서
흰 우유를 마신다

손으로는 부활절 토끼와 달걀을 그리면서

뱀파이어 영화를 흑백으로 찍는 이유는
피의 캄캄함을 극적으로 보여주기 위해서다
어떤 사랑은 검고 불투명한 천을 뒤집어쓰고서
이쪽을 본다 건너편에서 나와는 무관하게
눈구멍만 뚫어놓은 검은 유령처럼 이쪽을 쳐다본다

사람들이 사라지는 순간
진짜로 사라지는 건 아니고
내 눈앞에서만 하나둘씩 사라지는 순간을 알게 되고

카메라 앞에 선 배우는 자의식이 없어

흡혈귀를 연기해야 할 때는

그렇구나 매일 보는 사람인데도 몰랐구나
왼쪽 목에 점이 있구나
외로운 사람은 목덜미를 가진 사람
사람에게는 다 목이 있구나

오래 혼자 있었던 사람에게서만 나는 냄새
진짜로 냄새가 나는 건 아니고
내 앞에서만 변하는 낯빛과 기운을 알게 되고

해도 안 졌는데 정오도 안 됐는데
물감과 케첩과 피가 구분되지 않는
붉은색 영화를 본다 사람이 살고
뱀파이어가 죽는다

어둠에서 벗어나기

땅에 뿌을 심으면 나무가 되는 세계
정성스럽게
뿔을 닦아 광내고
물을 뿌려 얼룩을 지우면
꽃도 피는 세계

여름은 따뜻함에 대해 무지하다
겨울이 따뜻함을 생각하고 갈망하고
음습함과 비교하고
내내 곱씹는 것과는 달리

입체파 화가의 깨진 그릇들은
도자기 풀의 끈질긴 진심에 대해 무심하다
기도하는 방법을 잊은 사람처럼

아름다움이 뭘까 그건
연분홍색 안개야 어눌한 방언이야 다치기 쉬운
신체 부위야 발목이나 손가락처럼

작고 약한 촛불이 꺼지도록 내버려두는 거야 포기하는 거야

 열린 창문을, 그곳을 통해서 불어오는 바람을 탓하지 않는 거야

 세상에, 너 아프지 않니 너 아프겠다 너 정말 아플 것 같다 그럴 것 같다
 내가 깨뜨린 그릇을 내 손으로 치울 때
 누군가 멈춰 서서 해맑게 진심으로
 이쪽을 보고 말할 때

 어둠을 무서워하지 않는 것보다는
 어둠을 미워하지 않는 것이 어려웠다

그림자, 아닙니다

사람들이 내가 아니라
내 그림자를 자세히 들여다보기 위해 다가왔다

축제가 한창이었고
식칼이 석류 하나를 둘로 갈라놓은 자리는
피로 범벅이 되어 있었다
잔을 들어라 축하해 축하하자

나는 파티장 한가운데 서 있었다
붉은 와인이 가득찬 잔을 들고
그런데 내 그림자만이 화려했다
그림자가 화려해질 수 있는 방법은
구멍이 많아지는 것이었다
빛이 새는 구멍, 비밀을 함구하지 못하는 구멍,
침묵을 능숙하게 구사하지 못하는 구멍

검은 드레스를 입은 나는 그림자의 연장선
부속품, 꼬리, 그런 것 같았다
그림자를 밟지 마세요 민감한 피부 같습니다

저보다 어둡고 무겁고 아픈 친구입니다
나는 나의 죄를 친구라는 단어로 교묘히
갈아치워버렸다 그럼에도
죄의식은 없었다

뱀인지 뱀이 벗어놓은 허물인지는
알 수 없지만
내 그림자는 바닥에 길게 질질 끌리면서
파티장에서 사람들의 주목을 받게 되었다

그들은 나와 내 그림자 사이에 빼곡히 자리를 잡았다
본격적으로 구경을 하기 시작했다
남의 그림자를
누군가 내 그림자를 밟으면서 앞으로 고꾸라졌다
그림자 위로 산사태처럼 사람 한 명이 쏟아졌다
가득찬 와인이 검정 위에 붉은 얼룩들을 남겼다
그림자 위에 압정 여러 개를 올려놓기도 했다
밟으라고, 사람들이 아팠으면 좋겠어서

내 그림자는 내 친구고
지금은 많이 아프다
나는 이것을 검은 고양이처럼 나를 초대한
나만의 불운으로 대한다
불운을 쓰다듬고 그루밍해준다 길들여준다

내 그림자는 아파하면서 구멍으로 숨을 쉰다
압정들이 내 발바닥을 찾아와서 박힌다
방금 완벽한 전이가 일어났다

구름 창조자

구름들이 팽창했습니다
저장 공간이 가득찼으니 추가 공간을 구입하십시오

알림창이 떴다
일기예보는 오늘도 틀렸고
남자는 확성기를 통해, 여자는 사이렌을 통해
긴급한 기상이변을 전했다

구름이 더러운 물처럼 새는 탱크
여기 상어라도 키우나
시체라도 떠다니나
작은 동네 사람들은 킬킬대며 소문을 날랐다

탱크는 옥상에 있어서
한 건물에 사는 사람들은
같은 소문으로 몸을 씻고 갈증을 해소한다

루만의 메모상자

이 공간이 없었다면
낯선 사람들이 이곳에 무수히 찍힌 내 발자국들에
그 자신의 발들을 겹쳐보지 않아도 되었을 텐데
모든 게 수월해졌을지도 모른다

이곳은 지붕과 벽의 경계가 애매하다 벽들조차
수직으로 똑바로 서 있지 않다
누군가는 그것이 해체적이라고
누군가는 그것이 모던하다고 말한다
나는 이곳에 오래 살았지만
이 공간을 설계한 자의 얼굴도 이름도 모른다

벽 위에 달라붙은 귀들은 꽃송이처럼
밤이 되면 닫혔다가 낮이 되면 열린다
그 반대인가? 상관없다 기억나는 것은
그 귀들은 사실 꽃이 아니고
인간에 근접한 청각을 가졌고 이곳에서
내가 중얼거리는 말들을 하나도 빠짐없이 듣고 있다
는 것

이 공간의 창문은 눈동자들이 대신한다 그것들은
깜박이지 않는다 주인을 보고도 방문객을 보고도
벽을 얇고 넓은 층으로
빈틈없이 덮어버린 함박눈이나
새로 칠한 신선한 페인트의 흰빛을 보고도

벽은 칠한 지 얼마 되지 않아서 아직 냄새가 난다
살짝 긁으면 낙서들이 드러날 것이다
한밤의 사랑고백이나 한낮의 저주와 욕설이
동의어처럼 발가벗겨질 것이다 이 공간이 없었다면
내가 여기 갇혀 있지도 않았을 것이라고 믿는다
종이들이 내 몸을 빈틈없이 덮는다
빈 종이들은 시곗바늘의 리듬으로 천장에서 떨어진다

자화상 못 그리는 사람

불 꺼진 방에서 한밤중에 핸드폰으로 신문 기사 속
부고를
읽으면

내 이야기 같다
내가 죽은 것 같다
내가 겹쳐져 있다 삶이 아니라 죽음과

누군가 SNS에 업로드해놓은 사진들
죽은 새
죽은 쥐
만신창이가 된 유기견
임신한 유기묘
폐업한 가게들
내가 겹쳐 보인다

나는 눈을 비비고
눈을 다시 크게 뜨고
본다

죽음을
끝을

매일매일

어둠 속에서 저 홀로 환한 죽음을

저 홀로 의연하고

밝은 죽음을

육식 빨강 맨드라미

———

날것, 생선 비린내
기름기
살아 있다는 것의 번들거림
충혈된 눈알
펄떡임
물 바깥에서도 얼마간 지속되는
몸부림
희던 꽃잎이
붉게 만개할 때까지
창백한 얼굴의 소녀가
달밤을 기다리는 동안
약한 촛불이
활활 다 소진될 때까지
날것의 비린내가 진동한다 비단뱀의
두툼한 혓바닥이
도마 위에서 칼을 기다린다 단 한 번뿐일
죽음이라는 사건을 뚜렷한
계절처럼 기다린다
죽음이 계절이라도 되는 듯이

———

적록색맹

친구는 소방관이 되고 싶어했다
지금은 수력발전소에서 일을 하고
댐으로 출장을 가지만
겨울마다 재난 소식을 알려준다

이곳은 고요한 산이고 숲이다
벌목꾼들의 도끼가 춤을 추며 활개치지 않는다
다만 어떤 나무는 선 채로 죽는다
정수리부터 타들어가면서 죽는다 죽어가면서 전염병처럼
죽음을 옮긴다 그것을 산불이라고 부른다

이곳에서는 색맹이 유행한다
야생동물들은 원래 싸움을 좋아하지 않았지만
어느 날부터 포식자의 눈에 초록색의 나뭇잎과 풀 모두 붉은 핏물이 묻은 것처럼
보이기 시작한다 그것을 전쟁이라고 부른다

친구는 소방관이 되고 싶어했지만

지금은 장마철마다 비옷을 입고 찬물을 뒤집어쓴다
물소리를 가장 먼저 듣고 전해준다

비극의 재료

여기서 큰불이 났는데도
이 거울 하나만은 살아남았대
여기서 큰불이 났는데도
기어코 살아남은 내가
거울 앞에 서서 불이 아니라
거울에 집어삼켜질 준비를 한다

발가벗고 춤추면 예술이냐
웃던 시인의 말을 떠올리며 웃는다
예술이 아니라 잠을 자러 간다
잘 준비를 하러 간다

거울이 혼자서도 활활 잘 탄다
나를 장작 삼아서
거울을 태우며 발가벗고 춤추는 나무

여기는 곧 숯더미가 될 것이다
그런 일도 있을 수 있다
아주 오래전에 그런 일이 있었대

상관없다 나는 계속해서 거울을 본다

악몽 측량사

그들은 밤에 온다 내가 잠깐 조는 사이에
긴 줄자, 삼각자, 컴퍼스, 굵고 튼튼한 나무 자를
종류별로 챙겨들고 방문한다
나무둥치를 묶고 크게 원을 그린다

누군가는 악몽을 꾸면서 큰소리로 잠꼬대를 하고
그들은 그 잠꼬대를 한 마디도 놓치지 않고
공책 위에 성실하게 받아 적는다 붉은 버튼을 누른다
밤, 그런 밤도 있다

그들은 내가 모르는 사이에
이미 떠나고 없다
도시가 허용한 가로수들의 반경을
정확한 수치로 기록한 후에
땅이 붉은 흙과 함께 집어삼킨
나무뿌리의 무게를 매단 후에는
없다 그들도 나무도

나는 악몽에 깊이 빠져 있는 사람을

마구 흔들어서 깨운다
그러는 사이 하룻밤이 다 지나가 있고

다음날 아침, 우체국 문이 열리는 시간에
잘린 손목을 표절한 그들은
타인의 손바닥을 큰 봉투 안에 넣어 부친다

∞

누운 눈사람, 녹지 않으려고
길 한복판에 모로 누워서
영원이 되고 싶어하는 눈사람
그럴 수 없어서
비극의 구두점을 지뢰처럼 밟아 완성시키는
나의 눈사람

냉장고 없음
언덕 없음
결빙 없음
고산병 없음
온도 차이 없음
현기증 없음

누우면 뭐가 보이니
눈사람 눈에 보이는 밤하늘은
별이 많은 깨끗한 밤하늘은
지옥이었는데
환한 밤은 희망고문이었는데

누운 눈사람, 다시 일어서지 못하는
한복판인 걸 알면서도
길을 비켜주지 않는 회색 얼룩
발에 차이고
흙에 묻혀도
눈사람은 영원한 눈사람

야 네가 만들었잖아

사라지기 위해서 탄생한
어떤 사람

삶과 살

너는 썅시옷을 웃는 얼굴처럼 쓴다
요즘은 아무도 그렇게는 웃지 않아

삶이라고 쓸 것을 살이라고 오타를 낸다
살점처럼 떨어져나간 미음을
말간 죽을 떠먹다 말개진 마음
구르고 구르다 둥글어진 네모

너는 둥글어진 네모로 저글링을 하는
팬터마임 배우
쓰임이 다한 마음을 무대 뒤편에
버릴 것이다

너는 둥근 숟가락 위에
미음 한 술갈을 떠서 아, 둥글게 입을 벌린다

너는 둥글게 입 벌린 맨홀 안에
무작위하게 꽂히는 빗줄기들처럼 하염없다
빗줄기에 무방비하게 두들겨 맞고 있는 땅바닥 같다

너는 8, 둥근 네모가 두 개나 생겼다며
아이처럼 기뻐한다
녹지 않는 눈사람을 깊은 산속에서도
가장 높은 곳으로 옮긴 후
안심하고 작별한다

보이지는 않지만 사실 태양은 둥글고
냉장고는 눈사람이 죽기 좋은 장소라고

신비는 물을 좋아한다

물에 빠진 사람과
물가를 걷는 사람에게
보이는 풍경은 다르겠지
풍경에도 액자가 생기면 각도가 생기면
수면이 달라지면
중력이 관여하면
호흡이 가팔라지면

제3의 풍경을 보는 사람은
물에 빠진 사람을 구하기 위해
물속에 풍덩 뛰어든다
불속으로 걸어들어가는 소방관처럼

그건 작은 호수였는데, 살얼음이 낀
아니, 사실은 저수지나 늪이었는데
아닌데, 깊은 강이나 그보다 더 깊은
어두운 바다였는데
깊이 다 얼기에는 너무 깊었다

난파선이었는지 훼손된 잠수함이었는지
가라앉는다는 것은 중단하기 힘든 일이어서
아래로, 아래로, 아래로
약속을 지켜야 한다는 듯이

안개 위에 쓴 글은 빗물이 지운다
약속을 지키기 위해 지워버린다
비는 혼자 오지 않는다

세컨드 윈드

흘러가버렸네 호수였다가 저수지였다가 강물이었다가
바다가 되지 못한 물, 뗏목이 해체된 채
엎드린 나를 운반하지 못하고 있었고
발목에 물이 찬 나는 기어서 뭍으로 올라왔어
그리고 달리기 시작했어

어제가 되어버렸네
강물의 출렁임만 봐도 울컥, 주저앉지 않기 위해
무릎을 감싸쥐었던 봄날아 안녕
밤은 달을 데리고 갔으면서
달까지 가져가놓고
아무런 사건도 만들지 못했네

가버렸네 우리 이제
어제가 되었대 너는 죽었는데 나는 살았대 나만 살아남았대
나는 거북이처럼 기어나와서 치타처럼
달리기 시작했어 코피가 흘렀어

이끼는 물도 늙는다는 증거라는데

발목에서 물을 흘리면서 아주 오래
달렸어
더는 숨을 참지 않아도 될 때까지

기적 없이

신비주의자의 방은 아닐 것이다 아마도
이 방에는 피고 지는 것이 없다 성장하는
초록이나 연두도 뾰족한 혼자도 무성한 공존도
없다 밀도 높게 응축된 빨강도
눈치 없이 미쳐버린 노랑도 없다
살아 있기 때문에 필연적으로 죽어갈 어떤 식물도
여기에는 없다
서정성의 말간 물병도 울퉁불퉁하게 돌출된 문턱도
이 방에는 없는데 이 방은 그 없음을
선언하고 있는데 지금은
신비가 여기 살고 있지 않다는 것을 보여주고 있는데
그 모든 것을 대신하여 여기에는
투명하고 속이 깊은 수조가 있다
고요하고 검은 물이 있다 그리고
제논이라는 이름의 거북이가 그 안에 산다
제논은 다른 모든 생명체가 그러듯이
움직이고 있을 뿐이다 애초에
그토록 모든 것이 투명할 것이었다면
방의 주인은 제논의 작은 움직임 하나하나에

온 신경을 곤두세우고 있지도 않았을 텐데

물처럼 고요하고 깊게 잠든 제논 옆에서

다음과 같은 말이 휘갈겨진 종잇조각을 발견한다

"지하실에 살다가 악령 들린 백치의 죄와 그가 받게 될 벌에 대하여"

이렇게 술도 없이 열에 들뜬 낙서 말고

차갑고 차분하고 건조한 시를 쓸 거야 그럴 거야

책상 앞에 앉아서 시곗바늘을 구부리는 동안에도 방의 주인은

제논의 작은 움직임 하나하나에 극도로 민감해져 있다

제논과 속이 깊고 투명한 수조 때문에 제논의

훼손된 비밀과 존엄성을 떠올리게 된다

다만, 여기에서 눈을 감으면

0과 1의 산책

0과 1은 손을 잡지 않았다
0과 1 사이에는 북이라는 친구가 있었고
북의 오른손이 0의 손을, 북의 왼손이 1의 손을 잡았다

0과 1은 둘 사이에 놓인 서슬 퍼런
칼날에 옆모습을 베이면서 걸었다
걷기로 했다 칼의 날을 아랑곳하지 않고
칼날 위에서는
북이 맨발로 미끄러지고 있었는데도

모르는 척하고
0과 1은 각자의 갈 길을 생각하며
묵묵하고 성실하게 앞으로 걸어나갔다
침묵에서는 묵, 도토리묵, 청포묵의
아슬아슬한 떨림이 맡아졌다
떨림은 짐승의 뒷덜미나 냄새처럼 맡아지는 것이다
접시 위에서 반듯하게 떨리는 몸을
둘은 침묵이라고 암묵적으로 불렀다

북의 발에서 핏방울이 맺혀 있다가 흘러내렸다

누빔점

수리해드립니다
파먹힌 사과 전용 병원
당신의 수확물이 썩은 사과뿐이라면
당신의 수집품이 부서진 나무상자뿐이라면

수선해드립니다
찢어진 가방 수선 센터
당신의 귀중품이 쏟아지고 흐르고 흩어져서
없어졌다면

보험을 들어두세요
금지된 호기심에 시달린다면

부패하는 물을 시든 꽃을 늙고 병든 반려견을 누군가 버린 곰 인형을 죽어버린 화분을 솜이 터져나온 안락의자를 부러진 나뭇가지를 곧 벌목될 고목을

당신이 목격했다면

안테나

피뢰침이 꼿꼿하게 서 있었다
지붕 위에 꽂혀서 바람에도 흔들리지 않고
근엄하게

곧 태풍이 올 거라는 일기예보
비의 신은 비스듬하게 스쳐갔다

피뢰침과 번개는 친구였다
피뢰침은 약속도 잡지 않고 번개를 기다렸다
피뢰침과 번개가 만나는 순간과
그 이후의 일들은 놀라울 것이다
기적적일 것이다

지붕 아래 사는 가족은 안전할 것이고
TV를 보며 빗소리를 들을 것이다

피뢰침이 맑은 날에도 서 있었다
그 모습이 우스꽝스럽고 동시에
경이로웠다

악성루머

우산 샀지 투명해서 내 얼굴이 다 보였어
하지만 비가 안 오면 원래 얼굴을 드러내고 다니잖아
너는 말했다
그래도, 그래도라고 나는 말했다

태풍은 안 오고 태풍이 지나간 자리만 남았지
취재하러 몰려온 기자들도 카메라들도 마이크들도
어디론가 바삐 가고
더 흥미로운 특종을 찾아 떠나고
발가벗고 외롭고 위험에 노출된 너와 나만 남았다

우산 사줬지 불투명한 것으로
얼굴을 가려도 된다고 말해주었어
눈물이 검은색이라도 비난하지 않겠다고
너에게

검은 백조

―

백조는 몸이 무겁다
뛸 때마다 무대가 내려앉을 것 같다
가려운 부리, 이명, 너는 흐르는 뒤꿈치를 가졌다
망가진 의자처럼 삐걱삐걱 계단을 내려간다
망가져서 낯설어진 사물처럼
터져나오는 웃음과 하품 사이에서
망치는 인간의 모양도 모르고 상품을 제작했다
신의 일이 그러하듯이

하얀 벽들만 끝없이 이어지는
직육면체 속에서 길을 잃으셨나요
이 검은 상자를 받으세요 지도예요
읽을 줄은 알아야 해요
흐르는 물에 상자를 씻겼다

아무것도 씻겨나오지 않았다
내 손이 더러울 뿐이다 검고 더러운 손으로
많이도 만들었구나
이웃집에서 피아노 훔치는 사람을 보았다

―

커다랗고 무겁고 검은 상자를 옮기는 사람
여기서부터는 꿈의 도끼날이 개입한다
붉은 핏방울들이 새하얀 건반들 위로 튄다

구석에 우두커니 서 있는 소화기를 볼 때마다
눈이 먼 사람의 시선이 되었다 너무
붉은 것들은 눈앞을 캄캄하게 만들고는 하니까
하얀 벽들은 비밀이 없다
점자를 읽을 줄은 알아야 해요 이 오역본을

붓은 물감의 색깔도 모르고 작품을 완성했다
인간의 일이 그러하듯이 흰 벽 위에
파란색 글씨로 다음과 같은 단어들을 썼다
토마토, 피, 사과, 딸기, 립스틱, 우체통, 산타, 장미, 불씨, 십자가
흐르는 피와 눈물을 닦아내면서
이것이 물감과 뭐가 다르냐는 듯
물 묻혀 바닥을 깨끗이 닦듯이

그 색깔로 쓸 수 있는 가장 적합한 단어들을 발견했다
는 듯이

발목에서 벗겨진 것이
검고 불투명한 유리조각이었다는 것을
핏방울을 보고, 꿈의 도움 없이
그것이 검은 백조였다는 것을 안다
동파된 수도관이 터진다

피를 피로 씻겨낼 수는 없다
흐르던 물이 흐르지 않는다
그림자가 바닥에 고여 있다가 자연증발한다

아리아드네의 칼과 붉은 실

어느 봄날, 피투성이 구근이 둥글게 몸을 말고
굴러왔다 내게 깊은 주머니라도 있다는 듯이
식물은 피를 흘리지 않는다 안다
그러나 그건 피였어 다른 말로는 도무지

붉어지지 말랬지 질린다고 했잖아

도움의 손길도 없이 조용하고 빠르게 자라나는
사과나무에서 툭, 하고
수류탄 한 개가 떨어졌다 땅에 벌린 입이라도 있다는 듯
과일은 터지지 않는다 안다
그러나 그건 폭발했어 다른 말로는 도무지

네 몸속을 흐르는 빛깔이 지겨우면 너는 어떡하니

거장과 시계수리공

거장은 팔짱을 끼고서 말한다
그 곡은 아름답지 사랑에 빠졌을 때 쓴 거거든
그는 팔짱을 풀면서 말한다
자네는 쓸 만해 하지만
하지만, 이라고 그는 덧붙인다 싹은 밟아줘야 해
초록색은 그러라고 자라난 칼이야 갈아주라고 서슬 퍼런 날이야
콩나물 대가리들을 뚝뚝 떼어내어
검은 비닐봉지 안으로 버리면서

거장이 끊어내어 짧아진 칼날들이
그의 발바닥을 찌르고 그는 찔리면서도 칼을 밟는 것을 멈추지 않는다

그 곡은 아름답지 사랑에서 깼을 때 쓴 거거든

거장은 시계 모양의 팔찌를 찬다
그가 시간의 관념에 사로잡혀 있다는 것을 사람들에게 보여주기 위해서

하지만 손목시계는 차지 않는다
그런 것을 두르고선 곡을 쓸 수도 연주할 수도 없어
거장이 말한다 그가 밟은 시계가
그의 발밑에서 날카로운 소리를 내면서 깨진다

나는 그의 발밑에서 시계가 산산조각나는 소리가 아름다운
음악 같다고 생각한다
잠에 빠져 있을 때도 잠에서 깨어났을 때도 기억나겠다고
하지만 나는 사랑에 대해서는 할 수 있는 말이 없다

안긴 문장과 안은 문장

관찰하는 사람은 쓴다
"나는 저 반짝이는 돌이 별이라고 믿는다"

오늘을 다 살아버린 사람은 쓴다
"사랑을 고백하고 난 다음 날 같다"

포옹, 흔들리는 포옹
투명해서 속이 보이는 바닷물
안에서 돌을 깎고 있는 물살
시간, 그래 시간

나는 내가 쓴 문장이 무한확장해서
네가 쓴 문장을 안는 모습을 지켜본다
거미줄 모양으로 안간힘으로 뻗어나가는 문장이
네가 한밤중에 적어놓은 문장을 포옹한다 흔들린다
투명한 물속에서 일어난 일이다

3부

이별의 색깔은 밤

팬터마임

―

신은 거대하고 힘센 주먹을 가졌다
그는 내가 정성 들여 세공해놓은 거울을 부순다
쾅! 하고 단 한 번의 내려침만으로 몇 초 만에
나의 1년을, 5년을, 10년을
박살내버릴 수 있다

그의 손은
고목의 나뭇가지를 부러뜨리기도 하고
풍성하게 매달린 제철 홍옥들을 흔들어서, 후투투
못 먹는 낙과로
상처난 과일로 만들어버리기도 한다
아까운 삶들이 많다 죽음도
그러나 신은 이 말이 무슨 뜻인지 알까 나는 묻는다

신은 깊고 기다란 서랍장을 가졌다
그 속에는 수심 깊은 바다가 있고
인어가 숨을 참는 순간이 있고
노래가 있고 남자의 비명이 있고
독이 있는 해파리가 떠다니고

―

또 뼈들, 뼈들, 하얀색이고
밝게 빛나고 물속으로 깊이 가라앉는
뼈들도 있다

그의 서랍은
자물쇠를 따고 들어오는 손목을
물어뜯는 이빨을 가지고 있다
정확히 말하면 그런 이빨을 가진
상어도 그 속에 산다

신은 힘이 세고 우연을 맹신하고
나에게도 힘이 세지라고 우연을 믿으라고
말하는 것만 같다

교실

높은 책상에 매달려 있었다
신은 시험지를 나눠주었다
텅 빈 교실에는 나와 신뿐이었는데도
배분이 가능하다는 것이 이상했다

신의 출제의도를 아는 나는
창의적인 오답을 창작하고 싶어졌다
그것은 시간이 아주 오래 걸리는 일이어서
나는 자꾸 높은 책상에서 굴러떨어졌다

나는 신의 정답이 싫었다 이 싫음이
그의 교실에 혼자 열등생으로
내가 남게 된 이유였다

신은 괄호를 만들었다
그러나 나는 그가 만든 괄호들을 해체하기엔
부족한 열등생일 뿐이었다

신은 내 손목의 생김새가

손가락들이, 필체가 마음에 안 든다고 말했다
고막이 울렸다

칠판 위에서 부서진 하얀 뼛가루가
내 책상 위로 떨어졌다 나는
재채기를 멈출 수 없었다
높은 책상 위에서 몸을 떨었다

성실하게 벌을 받고 있었다
죄책감을 학습하고 있었다

병원 대기실에서 폭포 영상을 틀어주는 이유

양치류를 채집하는 소녀는 비 오는 날
폭포 근처에서 허리를 숙였다 어깨에 우산을 받쳐들고

폭포, 병원 대기실에는 대형 스크린에서
폭포가 쏟아지는데 그 이유를 아니
삶이 너를 모욕하고 있고 너는 폭포로부터
고개를 돌려 그 사실을 모르는 척하려고 한다

양치류, 이건 희귀한 거야 목숨보다
신기함에 열중했던 소녀는 발을 한 번
잘못 디뎌서 위로 완만하고 유려한
포물선을 그렸다 메리 포핀스인 줄 알았잖아

삶이 너를 모욕해도
희귀한 양치류는 기쁨을 주는 거야 소녀의 기쁨을
모욕할 수는 없는 거야 쏟아지는 물처럼
받아들여 삶은 명령문이고
위에서 아래로 내리꽂히는 수직성의 형태를 하고 있지

폭포 앞에 쭈그려 앉은 소녀와 양치류,
폭포가 모욕이 아니라 환희일 수도 있다면

이 병원에서 쏟아지는 저 폭포도

between the devil and the deep blue sea

나는 살아 있다
아무도 믿지 않겠지만
붉은 것은 다 피라고 우기면서
잘 살아 있다
사람들은 내가 죽었다는
허위사실을 유포한다

악마는 보라색일까 빨간색일까
검은색일까 색깔을 가늠하고 선별하는 동안

나는 살아 있다
부고들이 길거리 위에서 전단지처럼
발에 밟히고 구겨진다
성가시게

우체통에 죽은 새가 편지 대신 꽂혀 있다

잘 봐둬, 이게 너야
이게 바로 죽어 있는 네 모습이야

나는 살아 있다
그리고 살아 있기 때문에
죽음에 대해서 쓸 수 있다

아무도 믿을 수 없겠지만

샤스핀

―

엄마 나는 왜 아직 태어나지도 않았나요
내 형제들은 나를 조금씩 나눠 먹은 후
자궁 밖으로 수월하게 탈출했는데요 엄마
나는 아직도 붉고 두근대고 어두운
안쪽이네요 혹시 내가 사라지고 있나요
뜯어먹힌 몸은 다시 회복되나요
나는 살아서 태어날 수 있겠지요
엄마 나는 외롭고 무서워요
아직 태어나지도 못했지만 오늘도 다만
최선을 다해 안쪽을 헤엄치고 있지요
지느러미만 남은 것처럼, 유려하고 가볍게
혼자의 리듬으로

둥근 사각형

이 책은 파본이다 보수공사 이후 집의
높은 천장에 적응하지 못한
주인이 낮은 천장에 머리를 박으면서
쓴 책인데, 이사를 하는 동안
출판사와 법적인 공방이 있었다 그러니까
이 책은 고의적으로 만들어진 파본이다

파본이 고의일 수도 있다니!
그런 말은 처음 들어봐!
맙소사! 오 마이 갓! 운하임리히!

나는 사포질에 재능이 있어서
모서리 깎는 일에 집중을 잘한다
파본은 톱밥을 치운 후에 만들어졌다
청소부들의 협력과 연대로

파본의 작가는 신문에서 매일 아침
자신이 죽었다는 기사를 읽는다
매일 다양한 목소리들의 부고로

거짓말이야! 그는 생각한다 그 과정에서
그는 여러 명이 된다
이것은 초현실주의적 신호야! 신의 계시야!
아니다 하지만 그는 망상에 재능이 있어서
사각형을 원이라고 믿는다

미싱링크

죽었다는 말에 대해서 생각한다
한 번도 죽어본 적이 없어서
살아 숨쉬면서 그 말을 정의하려고 노력해본다

돌의 언어를 번역하고 싶습니다
석공이 말한다
이 돌멩이에 대한 애착만큼 이것을 이해할 수 있다면
불탄 들판을 나뒹구는
새까맣게 탄 이것을

너무 큰 욕심일까요 발 앞에 있으니까
발로 차면서 앞으로, 앞으로만 나아가는 사람처럼

물어요 울어요
주먹을 쥐어야만 손안에 들어오는
손에 쥐어도 내 것이 아닌 돌멩이에게

죽었다는 말에 대해서
돌멩이는 알 것만 같아서

죽은 화분

―

이게 비유였으면 좋겠다
이 문장으로 나는 시를 시작해본다
멀어진 아빠를 그리워하는 것을 그만두고
어딘가에 숨어 있을 엄마를 찾아 나선 날이었다
"내가 죽였다"
여자는 이렇게 쓴 작은 나무판과 함께
죽은 화분의 사진을 액자에 걸어두었다
죽은 화분의 이름은 수경이었다
그렇게 하면 살아 있는 수경이가 정말 죽기라도 하는 것 같았다
나는 빈집에 남아 액자를 올려다보았다
나는 꽃집을 지나칠 때마다 수경이 생각을 했다
나쁜 꿈에서 깨어난 날은 화분이 내 이름처럼 들렸기 때문이었다
꽃꽂이를 하는 사람들이 둥근 테이블에 둘러앉아 있었다
유리문 너머로 그 모습이 보였지만 거기에도 엄마는 없었다
나는 내 진짜 이름을 잊어버린 채

―

매일 새롭고 이국적이고 향기로운 이름들로 불렸다
나는 꽃집을 지나칠 때마다 그 안에서 수경이를 찾았다
나는 내 이름이 기억나지 않았고
모든 것이 내 기억력 탓이었다
때문에 더더욱 엄마를 꼭 찾아야만 했다
나를 버린 아빠를 증오하는 것을 그만두고
어딘가에서 울고 있을 엄마를 찾아 나선 날이었다

이기적 유전자

―

우성과 열성은 일란성쌍둥이
둘 다 우생학이나 골상학을 믿지 않았다 사실은
무엇도 믿지 않았다
기도하지 않았고
진화하지 않았다

우성은 빛을, 광선을 줄줄이 직선으로 받아 적는다
열성은 그림자를 밀도 높은 격자무늬로 색칠한다

열성이 발을 헛디딜 때 발목이 아작, 소리를 낼 때
우성은 빠르게 질주할 수 있었다
그의 길고 보기 좋은 다리가 그것을 도왔다

열성은 끝이 노랗게 변하는 이파리들을 잘라냈다
우성은 천장을 향해 수직으로 자라나는
선인장을 애지중지했다 한계 없는 갈증이 그것을 도왔다
맹목적인 성장이란 그런 것이니까

우성은 열성의 빈자리를 눈치챘지만 침묵할 줄 알았다

열성은 죽은 후에도 닥칠 줄 모르는
철없는 유령 같았다 투명해짐으로써 권능감을 느끼는
유령, 하지만

우성은 유령이라는 관습적인 관념에
속아줄 정도로 선량한 사람이 아니었다
그렇게 태어났다 타고난 것이다

열성은 파괴당하지 않기 위해 매일 눈을 질끈 감았다

붉고 캄캄한 흙속에 묻혀서, 누워서

―

전화 진동이 들리기에 여기가 꿈의
바깥이라는 것을 실감했다
두 다리가 움직이지 않았고
두 눈이 감기지 않아서 가리고 싶었다 그런데
두 손이 어딨더라

"당신은 사실 삼 년 전에 죽었습니다
더 정확히는 타인(들)에게 죽임을 당했습니다
더 정확할 수 없어서 쓴 괄호와
이 중요한 사실을 알리기 위해
허비한 큰따옴표를 용서해주시길 바라며, 그럼 이만"

이런 쪽지를 받았다 이것을
두 번이나 읽어보았지만 이해가 되지 않았다
내가 쓰고 있는 책의 첫번째 챕터는
이 쪽지를 쓴 사람을 찾아다니는 데에 통째로 바쳐진다

꿈의 주인은 나인데 꿈의 입구에
너무 많은 사람들이 모여 있어서 주인이 들어갈 틈이

없다

　바깥에서 나는 이 시를 쓴다

림보: 404 Not Found

―

무인도의 동쪽 끝 가장자리에서 쓴
유리병 편지, 파도의 거품이 묻은
난분분하게 흩어지는 모래알들

편지를 쓴 사람은 유리병의 입구를
무엇으로 틀어막아야 할지 고민했을 것이다
숨통을 막듯이, 익사를 지연시키듯이

부고가 인쇄된 신문지, 타인의 죽음이
나의 죽음을 유예시킨다니
편지를 쓴 사람은 절망했을 것이다

죽음을 그리려고 할수록
화가의 손은 민첩해야 한다
꽃이 시드는 속도, 깎아놓은 사과가 갈변하는 속도,
신선한 치즈가 부패하는 속도, 곰팡이가 번지는 속도,
그리고
사랑의 심장박동과 시곗바늘이
원래 속도를 찾아가는 속도

―

제자리로 돌아가는 사람들의 발걸음

죽은 사람은 변두리에서 중심을 향한다
산 사람은 중앙에서 변두리를 향한다

죽음에 대해 쓰는 시인의 손이
느려진다 뻐근해진다
이래서는 안 된다…… 시인은 생각한다

편지를 쓰지 못한다
쓰지 못했으므로 부치지도 못한다

재현의 윤리

―

녹이 슬었네요
그렇네요 죽은 화분은 계속 죽어 있고요

새로 사귄 친구는 내게 말했습니다
어렸을 때 쥐약을 먹고 죽은 개에 대해 써봐
나는 그것은 좋은 생각이 아니라고 시에서
동물을 죽이는 사람이 되고 싶지 않다고 말했습니다

하지만 네가 죽인 게 아니라 개가 죽어버린 거잖아
그게 그냥 그렇게 단순한 게
나는 아니라고 내가 개가 죽었다고 쓰면
내가 개를 죽인 게 맞다고 대답합니다

창가에 이불을 깔고 누우면
창밖이 아니라
창가에 둔 죽은 화분이 보이고요
보이지도 않는 씨앗이 깊은 데서
이렇게 말하네요 숨막혀
나는 화분을 죽이지 않았어요

―

녹이, 슬었네요 이 화분의 둘레는

선악과

입국 심사에서 거절당한 이야기를 해볼까요
질병을 운반할 것만 같은 외양이 이유였습니다
열대과일 말입니다
난생처음 보는 빛깔과 모양, 꽃인지 열매인지
식용인지 관상용인지
이국의 좁은 골목에서 처음 발견했을 때는
축소된 태양 같다고 생각했습니다
첫눈에 반했습니다
영원한 갈증이라도 해소해줄 것 같다고요
희망 같은 거였는데요 뜨거워본 적 없는
냉소주의자의 희망 같은 모순형용
그런데 거절당했습니다
열대병을 운반할 것 같다고 말했습니다 그들은
이국의 과일, 한 번도 맛본 적 없는
눈부시게 사랑스러운

뤼미에르

다음 역은 영화관
열차가 도착한다

초행길이다 혈관으로 그린 미로다
정직한 심장박동이고 모눈종이에 옮겨 그린
심장이다 당신의 손을 잡으면
거기 있다는 것을 느끼게 되는

플랫폼 화단에 심어둔 꽃이다
이국적인 품종의 원색이다
여름에 어울리는 향이다

마스카라가 흘러내리는 눈물이다
해피엔딩을 써본 적 없는 작가의
결말이다 닫힌 문이고
열리지 않는 자물쇠다

프랑스어로 '행복한'이란 형용사는
발음하기 어렵다 불행을 미화하는 데에

능숙해질 수 있다

열차가 도착한다
반대편 열차가 도착하지 않는다

기다림이 끝난다
건너편 기다림은 막 시작되었다

나무를 죽이고 싶어하는 사람이 나뭇잎을 떼어낸다. 하나하나 손으로. 정성스럽게.

애벌레는 아무도 파먹지 않은
깨끗한 나뭇잎을 찾았을 것이다
아무도 알을 슬어놓지 않은
싱싱하고 새로운 초록, 그것만이
완전한 여름으로 불리기에 적당했을 것이다

깎지 않은 연필의 끝부분은
납작하게 기다려왔을 것이다
톱밥과 흑연이 죽음을 긁는 시간을
임박했다는 것은 가려워지는 것이다
못 견디게 가려워 긁어대는 것이다

긁기 쓰기 긁기 쓰기 긁기 쓰기

뼈가 간지러워도 손이 닿지 않는다
살이 붉어지는 동안

내 몸이었던 것이 깎여나간다

"내가 마지막으로 눈물을 흘려본 게 언제였는지 기억이 안 나"

물속에 사는 그녀가
뭍으로 올라온 날이었다
약속이 있었다
울음을 터뜨리면 녹아 없어진다고 했다
왼쪽 발목에 피가 고여 있었다

그녀는 안간힘을 쓰면서 더 낮은 온도로
온몸을 꽁꽁 싸매고 있었다
얼어가고 있었다

거리를 걸어다니는 사람들에게
"나는 눈이 아니라 뜨겁고 건조한 몽골의 모래로 만들어졌어요"
묻지도 않은 말을 중얼거렸다
"아닌가 설탕이나 소금 같기도 한데 확실한 것은
지금은 제가 너무 얼어 있어서 당신이 진실을 알 수 없다는 거예요"

그늘이 깊은 나무 아래서

그녀를 만든 사람을
누군지 알 듯도 말 듯도 한
단 한 사람을
그녀는
기다리고 기다리고 그리고 또
기다렸다 기다리는 동안

빠르게 하지만 그녀에게만은 느리게
여름이 왔고
그녀는 태양과 사랑에 빠져버린 해바라기의 처연한 뒷모습이 되었다
회색 땀을 흘리며 어떻게 자신이 아직도 존재하는지에 대해 생각하다
비장하고 우스꽝스러운 농담을 하기도 했다
봄비가 온 날은
찢어진 우산 아래서 머뭇거리다가 황급히 작별하는 젊은 여인이었다

이별의 색깔은 밤이었고

이별의 냄새는 봄이었는데

그녀는 다시 한번 녹지 않기 위해
필사적으로 노력해야만 했다
그녀는 스스로를 얼려야만 살 수 있다고 했다
다행인지 불행인지
그럴 수 있었다 하지만
그녀가 기다리는 사람은 오지 않았고 그녀는 어느 날
문득 왼쪽 발목에 고인 피가 아직도 그대로
고여 있음을 발견하게 된다

그녀는 은신처처럼 아늑했던 나무의 그림자나
두려움이나 수치심 같은 바닥은
오롯이 혼자만 알고 있는
거울이나 이불 속에서 살다가
감았던 눈을 뜬다
거울은 그녀가 매일 들여다보던 것이었고
이불은 그녀가 매일 덮고 자던 것이었다
모를 수가 없었다

그녀는 아픈 손가락처럼 삐죽이 튀어나온 나뭇가지 하나를 발견했고
튼튼한 줄로 올가미를 만들어 걸어두었다
태풍이 온 밤에는
새벽 내내 그녀보다 열 배는 크고 오래 산 것 같은
영혼을 가진 바람과
싸우기도 했다 검붉은 멍처럼
얼룩이 남아버린 그녀는
이번에 산산조각이 나지 않기 위해 혼신을 다했다

그녀를 만든 사람이 도착했을 때
단 한 사람이 왔을 때
그의 눈앞에 그녀는 없고
그림자와 보호색으로 겹쳐진 채
진한 보랏빛으로
되비추는 물웅덩이만 있을 뿐이었다

그의 시야에 나무가 삐죽이 내밀고 있는 아픈 손가락

이 보였다
　그리고 그 손가락에 걸려 있는 텅 빈
　동그라미 사이로 환한 별빛이 그의 얼굴 위로
　쏟아져내렸다 한여름 밤의 꿈 같은
　백야였다
　열대야였다
　눈이 부신 어둠이었다

해설

언어-오브제
—love on darkness, 00×00(cm)

선우은실(문학평론가)

선고: 새의 죽음

새가 죽었다.

   공중에서 정지한 새 한 마리도
   대화에서는 오브제다
   소비되고 낭비되고 마침내 치워진다

   접시들이 허공을 날아다니다가
   산산조각이 난다 그 파편들조차
   대화에서는 소모되기 위해 존재한다

   날개가 부러진 새를 갖고 무얼 하지
   대화를 해야지 이런 식이었다
   타이어 자국에 엉킨 진흙은?
   대화를 하자 이것에 대해
   새가 눕고 뒹굴고 죽어간 진흙에 대해
   새의 죽음에 대해서? 아마도
   그러나 부러진 날개 쪽이 조금 더 흥미롭겠지

사람들은 허공에서 저글링을 했다
오브제들은 대화의 통로일 뿐이었으므로
은밀한 암시, 암호, 비밀을 운반하는

그리고 새가 날지 못했다
그리고 새가 마침내 죽었다

—「오브제」 전문

시인의 첫 시집 제목이 『새의 이름은 영원히 모른 채』였음을 상기하면, 위 시는 예사롭지 않다. 비록 '이름은 영원히 모른'다지만, 최초에 '새'의 형상을 입고 등장했던 시가 한 국면 만에 종언을 선고받았다는 것일까? 첫 시집에 수록된 한 시에 따르면 "새는 무대 위의 배우가 될지 관객석의 박수 소리가 될지 고민한다 그때, 새는 관찰자가 아니고 살아 있었다"(「빨간 풍선」)고 하는데 두 번째 시집에서 "새가 날지 못했다/ 그리고 새가 마침내 죽었다"고 선고되기에 이르렀다. 새의 죽음, 정확히 말해 죽음에 대한 '선고'를 어떻게 받아들이면 좋을까?

위 시를 조금 더 톺아보자. 이전 시집에서 명백히 살아 움직여 존재했다고 이야기되는 '새'가 시적 언어가 최초로 형상화된 모습이라 할 때, 그 최초의 언어적 형상은 「오브제」에 이르러 멈춰 있는 상태로 포착된 채 이야깃거리로 삼아진다. 언뜻 '오브제'라 하면 살아 있음의 반대 축에 자리하며 멈춰 있음으로 하여금 외려 존재를 증명하는 형태로 볼 수 있다. 오브제로 기능한다는 것은 '멈춰 있음'이 관찰됨으로써 외부의 말이 생성되는 것이다. 하나 이와 같은 현상, 즉 죽음으로서 고정화된 시의 형상-오브제("새")에 대한 화자의 판단은 긍정적이지 않다. 그것은 대화에서조차 "소비되고 낭비되고 마침내 치워"지기 때문이다. 그렇다면 이 시는 '새-오브제'가 말의 경험을 확장하지 않고 그저 소모됨에 따라 이것은 더이상 생생하지 않다는 선고이지는 않은가? 이러한 선고는 최초의 시적 세계와의 결별을 떠올리게 만든다.

선포: '언어-오브제'를 옹호함

하나의 국면이 저물어갈 때 그것은 언제나 이면(裏面)을 지니는 법이다. 즉, 이전 것과의 결별 선언은 새로운 국면의 시작에 대한 선포이기도 하다. 그렇다고 해서 "말에 대해 극단적으로 절망하고 있는 언어의 '고아'이자 '이방인'"*으로 진단된 바 있는 먼젓번 시집의 국면과 완전한 결별을 선언하고 뒤돌아 가버리는 것이 새롭다거나 능사라는 말을 하려는 것은 아니다. 외려 이번 시집에서 주목해야 할 것은 '새'의 죽음 선고 이후 완전히 새로운 것의 출현이 아니라, 세계와 언어로부터 소외되어 있다는 연속된 문제의식을 다루는 방식의 '차이'에 있다.

일전의 '새'가 사물화됨에 따라—그러나 운동하지 않기에 그러한 것이 아니라, 정지된 상태 속에서도 의미를 생성하는 물질로 쓰이지 못한다는 점에서—죽음을 선고받았다고 할지라도, 사물 그 자체 즉 언어-오브제의 물성에 대한 가능성을 포기한 것은 아니다. "헛소리는 음악보다 크게 들"리고 "사물은 사람을 대체한다"(「사물 A」)는 과감한 문장을 통과하면서 우리는 원성은의 시적 형상이 '새'에서 그것의 생존 형식 자체를 지시하는 '사물'로 나아갔음을 확인한다. 다시 말해, '언어-오브제-사물'의 일련의 통찰 위에서 우리는 살아 있음으로 하여

---

* 강동호, 「세이렌의 시 쓰기」, 원성은, 『새의 이름은 영원히 모른 채』, 아침달, 2021, 137쪽.

움직이는 언어가 아닌, 멈춰 있음을 주시하면서 움직이려는 언어의 작동을 바라보게 된다.

이것은 모든 사랑받아 마땅한 언어를 창출한다고 믿기는 시 세계의 신념에 대한 훼방처럼 읽히기도 한다. 사물화가 아닌 인간적인 것으로의 귀환을 꿈꾸고, 고독 속의 사멸이라는 운명론적 절망을 희망으로 전환하려고 하는 일종의 문학적 전회를 의식하면서, 원성은의 시는 그것의 역전환을 옹호한다. 요컨대 사물화된 것의 절망을 비추는 쪽으로 언어를 움직인다. 그런 언어가 포착하는 것은 마치 달콤한 오렌지 사이에 놓인 신 레몬 같다.

    레몬을 제외한 것들, 정확히는
    오렌지와 유사한 종들만
    담아놓은 과일바구니가 있어

    낑깡, 금귤, 유주, 한라봉, 천혜향
    오렌지, 오렌지, 오렌지
    그리고 이건 그리고, 라는 부사의 사용처럼
    불쑥 끼이는 레몬이야

낄 데 안 낄 데를 모르는 레몬이야

캘리포니아의 쨍한 햇살 같은 맛
해바라기처럼 촘촘한 밀도의 빛
오렌지
그러나 이건 그러나, 라는 찡그림처럼
신 맛의 레몬이야

혈육은 아니었지만 혈육 같았던
신 눈물 흘리면서
어깨동무하고 비좁게 옹기종기
앉아 있었던 과일바구니

신 과일은 인기가 없어
쓴 과일은 환불해주세요 덜 익었어
떨어뜨려서 무른 과일, 물러서 떨어뜨린 과일
그리고, 그러나, 그래서

레몬은 레몬이기를 멈추지 않았다
씨앗도 열매도 모두 돌이킬 수 없어져서
흙속에서 무럭무럭
나뭇가지 끝에서 주렁주렁

레몬은 레몬이었다
—「레몬을 변호함」 전문

  '변호'라는 표현을 내세우는 이 시에서 그 변호의 대상은 세상에서 사랑받는 오렌지가 아닌 "레몬"이다. 비슷한 특성을 공유하는 상큼하고 달콤한 시트러스의 세계에서 단연 그 '달콤함'에 대한 기대를 저버리는 존재가 하나 있으니 바로 "신 맛의 레몬"이다. 표면적으로 적당히 그 세계와 어울리는 모습을 하고 그들 사이에 자연스레 끼어 있으나 실은 "인기가 없"는, 때때로 환불 당하고 미숙(未熟)을 거절당하며 여기저기 치이는("떨어뜨려서 무른 과일, 물러서 떨어뜨린 과일") 존재다.

  여기저기 치이는 존재에 대한 옹호는 그 존재가 특정한 상황을 희망으로 이겨낸다는 역전을 꾀하는 대신, 여전히 그런 세상에 그런 채로 지속되고 있다는 인식에 도달하여 빛난다. 세계로부터 거절당하는 경험을 곧 존재 양식으로 취하는 레몬은, 그럼에도 "레몬이기를 멈추지 않"는다. '레몬 됨'으로서의 자의식도 주목할 만하거니와 제목이 '레몬을 변호함'이라는, 레몬이 아닌 자의 결심과 판단의 표현으로 드러나 있다는 점 또한 눈여겨봐야 한다. 레몬의 이야기처럼 읽히는 이 시는 분명 레몬에 대해 이야기하고 있음에도 어디까지나 레몬 그 자신이 아닌 그것을 바라보는 관점에서 이야기된다. 즉, 이 시는 외부의 화자가 레몬을 바라보면서 자기 자신을 투영하고 이해하는 방식임에, 레몬 자체보다 그런 방식으로 관찰된 레몬을 옹호하고 변호하겠다는 의지의 발현이 더욱 중요하다.

첫 시집에 이어 이번 시집에서 또한 소외되고 엇나가는 언어에 주목하는 원성은의 시 세계는 '레몬'의 생생함을 웅변함으로써 세계의 억압을 이겨내는 쪽으로 언어를 움직이는 대신, 레몬이 불화하는 상태 그 자체로 자신을 이어나가게끔 만든다. 레몬이 변화하겠다고 하지 않는 한 어쩌면 그것은 세간의 시선에 비출 때 '멈춰 있는 것'

그러므로 대화가 더는 생산되지 않는 '죽은 새'와 다름없는 것이겠다. 그러나 외려 그런 방식으로 구속되는 의미의 속박에서 벗어나기 위해 멈춘 상태로 존재하는 존재를 수긍하려는 것, 이것이 언어-오브제를 대하는 시인의 새로운 태도다.

타인으로 뻗어나가는 어둠, 이런 연결도 있다

언어의 상실과 세계와의 소통에 대한 모종의 적개심을 통해 드러나는 "자기 자신과의 화해 불가능성"*은 이번 시집에서 또한 그림자를 드리운다. 달라진 점이 있다면 세계 친화적이지 않다는 '불화'에 대한 해석이 마냥 자기부정과 어둠의 깊이를 더하는 쪽으로 치중되고 있지 않다는 것이다.

> 재난영화에서는 사랑이 끝나지 않는다
> (…)
> 끝나지 않는 사랑은 재난이다

---
* 앞의 글, 143쪽.

산불, 나 아닌 타인이 저지르고 도망간 것
(…)
폭우, 사랑에 빠진 사람의 발목은
취약하고 노출되어 있다
보호받지 못한 그 발목이 하염없이 젖고 있다
(…)
죽지 않고 태어나기만 하는
감정들이 있다
오래 끝나지 않는 건 장르가 된다
이런 장르도 있다

—「재난영화」 부분

  곧바로 두 번 국면을 뒤엎는 시의 첫 문장은 "재난영화에서는 사랑이 끝나지 않는다"이다. 재난 속 사랑을 발견하며 시작하는 첫 구절을 심상하게 보아 넘길 수는 없다. 비록 "끝나지 않는 사랑은 재난"이라 말하며 곧바로 뒤엎어지기는 하더라도 세계와 불화하는 '레몬' 같은 화자는 그 안에서도 사랑을 본다. 아니, 사랑을 보기 때문에 그것이 재난이다. 본래 자기를 관통하지 않고 자신을 둘러 지나치는 사랑을 '보는' 것이 더 괴로운 법이다. 타인과의 소통 가능성을 거부하는 것이 아니라, 언어가 닿고자 하는 곳이 타인을 향해 있기에 화자는 괴롭다. 내게 닿지 않고 타인에게 닿지 않음에도 불구하고 그들에게 자신의 사랑을 뻗는 것을 멈출 수 없기에 이것은 재난이다. 더더욱 중요한 것은 그러한 괴로움을 수반하는 일임에도 불구, 하나의 장르가 될 만큼 이러한 손 뻗음을 지속한다는 점, 또 그러한 행위 자신을 수긍하려는 태도다. 앞선 시에서 존재를 '변호'함으로써 자신을 주체할 수 있었다면, 더는 변호하거나 옹호하지 않아도 이러한 말의 형식을 그 자체로 수긍할 수 있음을 새 국면의 모양새로 제시한다. 말하자면 "이런 장르도 있다"는 것으로.

그렇다면 타인을 향한 손 뻗기, 말 걸기는 어떻게 구체화되는가?

세상에, 너 아프지 않니 너 아프겠다 너 정말 아플 것 같다 그럴 것 같다
내가 깨뜨린 그릇을 내 손으로 치울 때

누군가 멈춰 서서 해맑게 진심으로
이쪽을 보고 말할 때

어둠을 무서워하지 않는 것보다는
어둠을 미워하지 않는 것이 어려웠다
　　　　　　　　—「어둠에서 벗어나기」 부분

　자신이 깨뜨린 것을 수습할 때 그 날카로운 것을 거두는 손과 의지를 보며 어디까지나 그것을 '바라보는', 즉 바라볼 수 있는 정도의 물리적/심리적 거리를 좁히지 않은 채 구경하는 사람과 마주 선 화자는 무엇을 들여다보는가. 그는 "어둠을 무서워하지 않는 것보다는/ 어둠을 미워하지 않는 것이 어려웠다"고 고백한다. 이때의 '어둠'이란 타인의 조각난 세계를 둘러 그것을 바라볼 줄 아는 자신을 얹으려 하는 이의 마음의 구멍이기도 하겠거니와, 그 사실을 알면서도 그를 미워하는 자신의 모난 부분을 대면할 때의 심연이기도 하다.
　한데 그 심연의 뾰족함을 꼭 이해 못할 것도 아니다.

스스로 깨뜨린 그릇을 치우는 사람을 보며 상처를 감수하지 않고 아픔에 공감하는 사람의 태도란, 말하자면 "사람들이 내가 아니라/ 내 그림자를 자세히 들여다보기 위해 다가왔다"(「그림자, 아닙니다」)는 또다른 시의 한 구절과도 일맥상통한다. 오직 자신을 비추기 위해 타인을 경유하고야 마는 사람의 일에 뾰족한 감각을 가지지 않을 도리가 없다. 그런데 타인의 고통을 통해 자신의 결백을 고백하려는 이의 내면이 어두운 것을 바라보면서 그 내면의 작동을 미워하는 일을 자기 징벌적으로 자각하는 일을 그런 사람조차 이해하고 싶다는 말의 다른 표현으로 읽을 수는 없는가.

  이와 같은 가능성을 고려해 시를 다시 읽건대 타인의 고통을 자신의 재료로 삼는 사람으로 인한 괴로움을 목격하는 것이 두렵기보다도, 그것이 타인 내부의 —그러나 숨겨지지 않는—파편인 줄 알면서도 그것을 기껍지 않게 바라보는 자신의 미움을 바라보는 일이 더 어려웠다는 뜻일 테다. '어둠에서 벗어나기'란 제목에 다시 시선을 주었을 때, 우리는 이것이 자신의 어둠, 말하자면 남의 치욕에 기꺼이 눈을 흘기는 자신의 어둠에서 나아가기 위해 이 장면이 포착되었음을 알아차리게 된다. 미운 타인을 미워하지 않을 수 없지만, 누굴 미워하지 않을 수 없는 자신이 때때로 이 세계와 어울리지 않는 '신 레몬' 같다고 생각하지만, 누군가가 옹호해주지 않으면 그런 존재는 그 가치를 늘 심문당하는 것만 같지만. 자기가 겨누는 자신을 다시 돌아보고 옹호하고 보듬고, 어둠을 어둠인 줄 알고 응시하는 존재로서 자신이 그 곁에 존재하겠다는 것. 이번 원성은의 시가 창출한 새로운 국면이다.

비극의 재료

초판 1쇄 인쇄 2025년 10월 26일
초판 1쇄 발행 2025년 11월 6일

지은이 원성은

편집 정소리 | 디자인 윤종윤 이주영
마케팅 김다정 박재원 | 저작권 박지영 형소진 주은수 오서영 조경은
브랜딩 함유지 박민재 이송이 박다솔 조다현 김하연 이준희 복다은
제작 강신은 김동욱 이순호 | 제작처 한영문화사

펴낸곳 (주)교유당 | 펴낸이 신정민
출판등록 2019년 5월 24일 제406-2019-000052호

주소 10881 경기도 파주시 회동길 210
문의전화 031.955.8891(마케팅) | 031.955.2692(편집) | 031.955.8855(팩스)
전자우편 gyoyudang@munhak.com

홈페이지 www.gyoyudang.com
인스타그램 @gyoyu_books | 트위터 @gyoyu_books | 페이스북 @gyoyubooks

ISBN 979-11-94523-94-9 03810

· 교유서가는 (주)교유당의 인문 브랜드입니다.
  이 책의 판권은 지은이와 (주)교유당에 있습니다.
  이 책 내용의 전부 또는 일부를 재사용하려면 반드시 양측의 서면 동의를 받아야 합니다.

이 책은 2023년 대산문화재단 대산창작기금을 받아 출판되었습니다.